AF497790

CORNEILLE

ET

RACINE

Tiré à 50 exemplaires numérotés.

DE LA

TRAGÉDIE FRANÇAISE

CORNEILLE

ET

RACINE

PAR TH. LOUÏSE

Professeur au Collége.

PREMIÈRE CONFÉRENCE PUBLIQUE, FAITE A VALENCIENNES,
LE 22 FÉVRIER 1865.

VALENCIENNES

TYPOGRAPHIE E. PRIGNET

1865

En venant m'asseoir à cette place , j'éprouve une vive
émotion. Habitué à la tranquille obscurité de nos écoles ,
je n'ose affronter qu'en tremblant l'éclat de cet auditoire.
Je ne me dissimule pas qu'en prenant ici la parole, j'accepte
un périlleux honneur. Mais l'appel pressant d'un Ministre,
aux sentiments élevés, à l'esprit libéral, la bienveillance
éclairée du chef de notre Académie , enfin la munifi-
cence infatigable d'une cité qui s'impose tant de sacrifices
pour l'instruction publique, ont combattu mes craintes et
vaincu ma résistance. J'ai jeté les regards autour de moi ,

et, dans le champ si vaste et si riche de notre littérature, où il reste toujours à glaner, j'ai choisi, pour en faire le sujet de cette conférence, *la Tragédie française* et *ses immortels interprètes au XVIIe siècle*. Aujourd'hui, Messieurs, je dois me borner à des considérations générales. Mais, si votre indulgence daigne ouvrir une voie facile à nos modestes entretiens, j'espère pénétrer plus avant dans l'œuvre, et en admirer avec vous les impérissables beautés. Puissiez-vous, Messieurs, en faveur d'un sujet digne de vous, digne de votre sympathie, pardonner à mon inexpérience et à ma témérité.

Un Anglais a dit : « *Nous naissons tous originaux et nous*
» *mourons copistes* *. » Si cette pensée est vraie, si tous,
grands ou petits, soldats obscurs ou princes glorieux de
la pensée ne peuvent échapper à cette solidarité de leurs
contemporains, c'est un devoir, avant d'étudier un grand
homme, de se demander quel était l'état des esprits, au
moment où il vivait, de remonter un peu le courant qui
l'entraîne, et de découvrir les origines de l'art auquel il

* Yung.

consacre son génie. Nous étudierons donc l'époque qui a
précédé la venue de Pierre Corneille, et surtout l'histoire
première de notre théâtre. Malheureusement, au lieu d'un
tableau savant et original, vous n'aurez qu'une esquisse
rapide et incomplète. Tant d'autres ont rendu hommage
au grand tragique, tant de générations ont entassé leurs
couronnes au pied de sa statue, qu'il semble téméraire de
se mêler à la foule des critiques et des admirateurs. Si
nous l'avons entrepris, c'est qu'un attrait particulier, irré-
sistible nous entraîne vers ce poète ; c'est que, par goût
comme par devoir, nous ne cessons d'admirer l'éternelle
jeunesse d'Homère et de Sophocle, qui revit en lui *,
cette jeunesse dont parle *André Chénier* :

> « Brisant des potentats la puissance éphémère,
> » Trois mille ans ont passé sur la cendre d'Homère ;
> » Et , depuis trois mille ans, Homère respecté
> » Est jeune encore de gloire et d'immortalité. »

c'est que, par l'accent toujours nouveau et toujours sonore
de sa poésie, il semble le hardi coryphée de tout ce chœur
immortel qui se précipite sur ses pas ; enfin, c'est qu'il a
pour aïeul le vieil Eschyle, pour amis Tite-Live et Sénèque,
pour frère inconnu Shakespeare ; Shakespeare, à côté de qui,
sans le savoir, il gravissait ces cimes diverses et solitaires
que le génie seul peut découvrir et atteindre. Aussi, sans
nous laisser éblouir par les éclairs qui jaillissent de son
front, nous oserons aborder Corneille, et lui demander le
secret du courage, du dévouement, de l'héroïsme, dont il
faisait, pour ainsi dire, les vertus familières de ses person-

---

* ... *Semper florentis Homeri.* (*Lucrèce*).

nages. Mais, Messieurs, comment parler de Corneille et de
son génie, comment admirer ses héroïques peintures, sans
penser à Racine? Comment ne pas s'enivrer de cette poésie
tour à tour suave et terrible, que l'auteur d'*Andromaque* et
d'*Athalie* puisait dans son cœur? Auparavant, nous dirons
quelques mots de l'art dramatique en France, dans le siècle
qui a précédé l'avénement des deux grands poètes.

§ I

MESSIEURS,

Il est un art difficile et suprême, né de cette sympathie
profonde que l'homme sent pour l'homme, qui, s'appuyant
à la fois sur l'idéal et le réel, maître du temps et de l'espace
qu'il abrège ou rapproche à son gré, rassemble, comme
en un faisceau, tout ce qui excite l'attention et la curiosité,
et nous présente l'élite des moments les plus touchants
ou les plus décisifs de nos destinées. C'est l'art de la tragédie. Notre littérature ne nous offre point de genre plus
important ou plus populaire. Comme tout ce qui est grand
et fort, c'est lui qui a rencontré le plus de détracteurs et
d'enthousiastes, qui a soulevé à la fois le plus de haine ou
d'admiration. Au moyen-âge, il reste enseveli sous la
barbarie. Aussi, sans parler de ses transformations diverses,
à l'ombre de l'église, ou sur la place publique, sous la
double influence du clergé et du peuple ; sans nous asseoir,
spectateurs du X⁰ siècle, dans un couvent de la Basse-Saxe,

pour écouter la *voix forte* de *Gandersheim*, la religieuse Hroswitha, puisant dans les légendes tout imprégnées des idées chrétiennes, de sombres et mélancoliques inspirations ; sans applaudir cette poëtesse nous révélant un caractère nouveau, qui dominera tout notre théâtre, que plus tard Shakespeare interprètera de toute la puissance de son génie, à savoir l'idée de la mort ; enfin, sans parler des *Mystères* et des *Soties*, nous nous hâtons de retrouver ce grand art en France, vers le milieu du XVIᵉ siècle, quand l'école savante de Ronsard et de Jodelle fit une éclatante et passagère apparition. La ligue, qui tout en sauvant la religion sacrifiait la nationalité, étouffa cet art au berceau. Déjà le parlement, en 1548, lui avait porté une vive atteinte. Car, sous les noms divers d'aréopage, de sénat ou de parlement, le despotisme a souvent fait obstacle aux développements de l'esprit humain. Mais bientôt on le voit renaître, dans les premières années du XVIIᵉ siècle, sous l'influence de l'Italie, de l'Espagne, plus tard de l'antiquité, et céder au mouvement que lui impriment les romans héroïques et cette société galante et polie qui se réunissait à l'hôtel de Rambouillet.

En France comme en Grèce, Messieurs, le théâtre a surtout grandi dans l'enceinte du temple, d'où il semble ne se dégager qu'avec peine. La tragédie se joue d'abord en plein air, sur de vastes amphithéâtres, devant une foule recueillie, qui compte et applaudit souvent parmi les acteurs, ses prêtres et ses magistrats. Mais là s'arrête la ressemblance. Ici, un peuple né sous un beau ciel, doué d'une organisation délicate, vivant, dès son enfance, au milieu des chefs-d'œuvre d'un Homère et d'un Phidias, se développant au sein d'institutions libres, qu'il avait créées lui-même, qu'il a défendues de son sang, et qui lui renvoient en échange une partie de leur vitalité ; ici, des applaudissements enthousiastes et intelligents qui suscitent la Muse : là, un auditoire simple et crédule, mais grossier et sans idéal ; un peuple né sous un ciel moins clément, resserré dans un point de l'espace et du temps, sans langue, sans liberté, sans souvenirs, qui vit, travaille, combat, meurt pour ses maîtres ; peuple opprimé, dont aucun grand génie n'est venu faire l'éducation première. Et pourtant, dans ces jours de misère et d'ignorance, où la foi chrétienne éclatait dans toute sa naïve ardeur, où la Religion n'avait pas encore vu se briser son unité souveraine, quelle source d'inspiration plus vive et plus féconde que Jésus expirant sur le Golgotha, pût s'offrir à la Muse tragique? Quel spectacle bien plus grand et plus magnifique que les Prométhée dévoré vivant sur le Caucase, ou les Agamemnon frappé par une épouse adultère ! Ici, comme dans la plus majestueuse épopée, le voile qui sépare le ciel de la terre se déchire, et l'homme entre en communication avec Dieu. Que dis-je ? c'est un Dieu, un Dieu qui se fait homme, s'emprisonne dans notre argile, se revêt de nos misères, et — drame auguste et terrible ! — qui consent à tomber, à mourir sous nos coups. Après avoir sué une sueur sanglante, après avoir éprouvé toutes les ingratitudes, tous les outrages, toutes les tortures, après s'être laissé attaché sur cette croix, du haut de laquelle il ne sait que prier et bénir, tout à coup il ressuscite, il se transfigure, et, prenant son essor au milieu du chœur ravi des anges, il rouvre à l'homme ce ciel d'où il était exilé depuis tant de siècles. Quel drame, si dans les rangs épais de la foule, il se fût trouvé un Dante ou un Milton !

Messieurs, il faut l'avouer, en France, nous procédons par élan, par enthousiasme ; c'est le terme flatteur, dont on se sert, pour dire que nous procédons par exagération', par excès. Ne nous étonnons donc pas, si de l'ignorance la plus grossière, nous tombons dans l'érudition la plus raffinée. Dans nos *Mystères*, nous parlions gaulois. Maintenant, sans transition, nous allons parler grec et latin, en attendant que nous nous fassions Italiens et Espagnols. Car il est dans la destinée du génie français, génie essentiellement assimilateur, de se faire l'admirateur, ou plutôt l'éditeur universel de tous les autres peuples, avant de songer à lui-même, et de créer des chefs-d'œuvre.

Au XVI⁰ siècle, deux écoles poétiques que nous n'entreprendrons pas d'étudier, se succédèrent brusquement. Après Marot, c'est-à-dire après le représentant du vieil esprit français dans ses saillies les plus vives, mais aussi dans ce qu'il a de plus superficiel, s'avance Ronsard, et, autour de lui, tout un bruyant cortége, qui réagit contre les vieilles traditions gauloises, les galants refrains, et tout le badinage de ce poëte qu'on a justement nommé *l'heureux héritier des trouvères*. C'est tout une pléïade, à la lyre souvent discordante, qui a puisé à pleine coupe et jusqu'à l'ivresse, dans l'urne de la Muse antique, et qui, dans son délire, ressemble à ces prêtres de Bacchus qui célébraient l'orgie sacrée, après avoir fait circuler dans leurs veines embrasées, le *Dieu* qui ne les inspire plus, mais qui les enivre. Cependant la réaction s'organise. Dubellay

donne les préceptes, et Ronsard fait des odes, à la manière
de Pindare et d'Horace. Lazare Baïf traduit Sophocle et
Euripide. Jodelle croit débuter par un coup de maître, et
ressusciter les anciens en faisant représenter *Cléopâtre* devant Henri II, « *en l'hôtel de Rheims*, dit Pasquier, *avec un*
» *grand applaudissement de toute la compagnie.* » Cependant
les Bazochiens et les confrères de la Passion voient avec
douleur leur privilége compromis, et essaient d'étouffer cet
art rival. La jeune Muse tragique est alors contrainte de
chercher, pour sa faiblesse, un abri que lui offrent les
nobles dans leurs châteaux, la docte Université dans la
cour de ses colléges. De là ces allures savantes et distin-
guées qu'elle conservera dans tout le cours du XVIIe siècle.

Cependant le XVIe siècle expire. Malgré cette puissante
protection des derniers Valois pour les lettres, malgré ces
rois qui se faisaient eux-mêmes poëtes *, en attendant que

---

* Ronsard écrivait à Charles IX encore enfant :

> Sire, ce n'est pas tout que d'être roi de France ;
> Il faut que la vertu couronne votre enfance.
> Un roi sans la vertu porte le sceptre en vain,
> Qui ne lui sert sinon de fardeau dans la main.

On connaît la réponse de Charles IX :

> L'art de faire des vers, dût-on s'en indigner,
> Doit être à plus haut prix que celui de régner.
> Tous deux également nous portons la couronne :
> Mais roi, je la reçus : poëte tu la donne.
> Ton esprit enflammé d'une céleste ardeur
> Éclate par soi-même, et moi par ma grandeur.
> Si du côté des dieux je cherche l'avantage,
> Ronsard est leur ami, si je suis leur image

la lecture de Marchiavel, ou qu'un ordre de Catherine leur
remît en main l'arquebuse ou le poignard, en dépit de
cette frénésie de plaisir qui saisissait toute cette jeunesse
avide d'amour, insoucieuse du péril, qui se précipitait,
sans pâlir, à ces rendez-vous, où devait les assassiner la
dague d'un mari jaloux; malgré cette soif d'émotions et de
jouissances, qui tourmentait toute cette cour voluptueuse,
la poésie s'affadissait et le théâtre surtout allait dépérissant.
C'est que la tragédie était autre part. Abandonnant le
palais des grands, ou le paisible *proscenium* de nos colléges,
elle trempait son cothurne dans le sang des rues, et venait
y jouer ses sanglantes réalités. Comment faire des tragédies
savantes ; comment nous apitoyer sur des malheurs sécu-
laires, quand les créneaux des murs d'Amboise sont garnis
des têtes des conjurés; quand les protestants réservés pour
être exécutés, devant le roi et toute la cour, devant Fran-
çois II, devant Marie Stuart, devant le grand Guise, trem-
pent leurs mains dans le sang de leurs frères décapités,
les lèvent en invoquant un dieu vengeur? La véritable
tragédie, c'est celle que joua Charles IX, le 24 août 1572,
au son de la cloche de Saint-Germain-l'Auxerrois; Charles IX,
qui, aux fenêtres du Louvre, l'œil ardent, l'arquebuse en
main, au milieu de cette nuit pleine de ténèbres, de
sang, de cris de mort, immole sans pitié des victimes qui

Ta lyre qui ravit par de si doux accords,
Te soumet les esprits dont je n'ai que les corps.
Elle t'en rend le maître, et te sait introduire
Où le plus fier tyran n'a jamais eu d'empire.
Elle amollit les cœurs et soumet la beauté .
Je puis donner la mort ; toi l'immortalité !

supplient. Temps singulier et sinistre, où un Guise mourait
sous le poignard protestant, en donnant à son assassin ce
sublime pardon , que Voltaire a si bien fait passer dans
les beaux vers de son *Alzire :*

> Du Dieu que nous servons, connais la différence ;
> Le tien ne t'ordonnait que meurtre et que vengeance ;
> Et le mien , quand ton bras vient de m'assassiner,
> M'ordonne de te plaindre et de te pardonner !...

temps sinistre, dis-je, où son fils, *ce Machabée de l'église,*
comme l'appelaient les ligueurs, cet homme dont la France
était amoureuse, où ce Henri de Guise , au sortir d'une nuit
de volupté, est égorgé froidement à Blois, par Henri III,
en attendant que ce prince expire lui-même sous le poignard de Jacques Clément. L'art dramatique, si toutefois
il en existe alors , ne peut être que le reflet de telles
horreurs.

Il semble, Messieurs, que l'esprit humain , pour déployer
toute sa force, ait besoin d'une de ces vives secousses qui
ébranlent un monde. La Grèce secouait de son sol des
myriades de barbares, quand retentit ce concert de gloire
et de génie que les siècles n'oublieront jamais. Virgile et
Horace ne chantent qu'après les convulsions des guerres
civiles. Au milieu des querelles sanglantes des Guelfes et
des Gibelins, j'entends retentir la voix de Dante ; je vois
se dresser devant moi le front sombre et puissant de cet
homme, que les femmes, que les petits enfants fuyaient ;
car il avait vu l'enfer. Qui sait, si pour peindre ce lac de
feu où Jéhovah précipita les anges rebelles, Milton n'avait
pas besoin de voir l'Angleterre déchirée, comme dirait

Bossuet, par une de ces effroyables *brisures*, qui engloutissent un trône, et emportent toute une race de rois? Le XVI° siècle n'a pas menti à cette loi providentielle du développement des esprits. Sciences, lettres, arts, tout a grandi, au milieu de ces douloureux ébranlements. Et quand il se retire, après avoir produit en politique la réforme et la ligue, en littérature tant de génies si originaux, mais si individuels, ne peut-on pas dire que dans son anarchie vigoureuse, il a tout agité, tout appris, tout discuté? Aussi au début du XVII° siècle, de ce siècle qui doit faire rentrer l'esprit humain dans ce milieu, **en dehors duquel**, dit Pascal, *tout objet branle et échappe à nos prises; tout se dérobe et fuit d'une fuite éternelle*, au début du XVII° siècle, disons-nous, se retrouvent les traces de cette lutte douloureuse et longue qui éclate entre le despotisme et la liberté. Car un siècle qui commence n'est que l'écho, le retentissement du siècle qui finit.

Une étude superficielle a pu seule ramener à l'unité mathématique tout le XVII° siècle. Ce cortége éclatant qui entoure Louis XIV, cette moisson de gloires qui semble éclore sous ses pas, ont tellement frappé les esprits, que, pour un grand nombre, il semble que ce siècle ait porté à la fois et enfanté d'un seul effort tous ces génies. Cependant, Messieurs, le pur *siècle de Louis XIV,* le siècle de Pascal et de Molière, de Racine et de Bossuet, n'apparaît que dans la seconde moitié, de 1660 à 1700. Avant cette époque, nous trouvons je ne sais quelle frénésie de guerres civiles, une noblesse altière domptée par les échafauds de Richelieu, et qui se redresse frémissante contre le joug de Mazarin,

d'illustres conspirateurs, comme le cardinal de Retz, qui
tout pleins de Salluste et de Plutarque jouent au jeu san-
glant des révolutions ; au-dessous, toute cette mascarade
guerrière de la Fronde, tous ces chefs en jupons, les com-
tesses de Fiesque et de Frontegnac, nos *maréchales de camp*,
comme on disait dans l'armée de Gaston, Mademoiselle de
Montpensier, les duchesses de Longueville et de Chevreuse,
qui traînent à leur suite des Larochefoucaud et des Turenne ;
enfin une société égarée qui a perdu tous ses centres,
une littérature sans foi, sans langue, sans idée, que
Richelieu a voulu ramener violemment à l'unité, et qui
repasse une seconde fois à l'Italie et à l'Espagne, comme
ces factieux gentilshommes qui entourent Condé. C'est
l'époque de la Régence et de la Fronde.

Si nous remontons plus loin, Messieurs, nous trouvons
les assises majestueuses, pour ainsi dire indestructibles,
de ce qu'on appelle le *grand siècle*. C'est une période
d'efforts, d'organisation, qui s'ouvre avec Malherbe et Hardy,
et se ferme avec Richelieu et Corneille ; période à moitié
française, italienne, espagnole, où la France dispute à
l'étranger sa nationalité littéraire. Elle embrasse quarante
années, et s'étend de 1600 à 1640. Prose et poésie com-
mencent à se constituer, la première sous l'influence de
Balzac, la seconde sous l'influence de Malherbe, quand un
secours nouveau leur arrive, secours inespéré et puissant.
Les réunions libres des hommes de lettres chez Conrart,
Richelieu offre, en 1634, de les changer en un corps per-
manent, en un sénat littéraire, dont il sera le protecteur.
Deux ans plus tard, malgré le Parlement qui voit avec

ombrage s'élever cette cour souveraine de la pensée,
l'*Académie française* est constituée, et l'hôtel de Rambouillet
se chargera de propager, et de mettre en circulation les
idées littéraires.

Cependant, Messieurs, la Poésie et l'Eloquence, ces
deux grandes formes de la pensée, suivent la même for-
tune, dans ces premières années du XVIIe siècle, de 1600
à 1640. On voit encore régner le caprice, la folle inspiration, le dédain du travail et de toute tradition littéraire,
l'absence de tout sentiment vrai et sérieux ; mais on trouve
en regard, la règle, la discipline, l'épuration de la langue,
des mœurs et des idées. En un mot, Messieurs, ici Regnier,
Scudéry, Scarron ; là, Malherbe et Balzac, l'Académie et
l'hôtel de Rambouillet.

Quant au théâtre, il est passé à l'étranger. A Jodelle
succède Garnier, qui marche sur les traces du maître, con-
tinue l'imitation antique et s'inspire de Sénèque. C'est
encore la tragédie savante, contre laquelle Alexandre Hardy,
un poëte dramatique national, autant qu'il était alors
possible de l'être, organisera une sorte d'insurrection.
Bientôt l'art dramatique, à peine sorti des fourches cau-
dines de l'érudition antique, s'éprendra de l'Espagne et
de l'Italie, et comme un noble paladin, portera les cou-
leurs du Tasse, de Michel Cervantès et de Lope de Véga.
Enfin, « grâce à Corneille, la France échappée à l'Italie et
» à l'Espagne se retrouve elle-même, mais agrandie par
» le génie d'un homme. » — *M. Demogeot.* — Tout restait à
créer, caractères, passions, mœurs, style, ressemblance
avec la vie, quand parut le *Cid* (1636), quand sortirent du

cahos ces immortels représentants de l'héroïsme , *Horace* ,
Cinna , *Polyeucte* , *Pompée*.... « Ces hommes-là , dit Saint-
» Evremond , ne sont pas nés à Rome ; ils ont du sang
» espagnol dans les veines ; ils descendent de Sénèque et
» de *Lucain.* » — *(Dissert. sur le Romain).*

§ II

Corneille et Lucain ont entre eux une parenté intellec-
tuelle qu'on ne peut révoquer en doute. Tandis que les
autres poëtes dramatiques s'inspirent du spectacle des passions , du trouble qu'elles produisent dans les cœurs, ou
de l'énergie qu'elles développent , tous deux s'attachent à
peindre le triomphe de la force morale , et l'empire de
l'homme sur lui-même. Rien n'est plus rare ; mais rien
n'est plus grand. Et cependant il y a une certaine limite
au-delà de laquelle cette peinture nous laisse froid. Il faut
sans doute que la sensibilité soit soumise; mais il ne faut
pas qu'elle soit anéantie ! La volonté ne doit pas être tout,
et on cesse d'admirer ou plutôt on frémit, lorsqu'au lieu
d'un homme vivant, on trouve une statue de bronze ,
noble, il est vrai, mais morte et glacée. Le stoïcisme, en
proscrivant absolument toutes les émotions, s'est à jamais
fermé le cœur humain. Nous ne reconnaissons pas nos
semblables dans ces colosses impassibles. Leur vertu est
plus étrange que sublime ; on est enclin à la contester, et
l'admiration accordée comme à regret ne peut étouffer un

sentiment bien naturel d'antipathie. Tel est le défaut de
Caton, le héros de Lucain, s'il y a un héros dans la
Pharsale :

> « ...... *Urbi pater est, urbique maritus :*
> » *Justitiæ cultor, rigidi servator honesti ;*
> » *In commune bonus : nullosque Catonis in actus*
> » *Subrepsit, partemque tulit sibi nata voluptas.* »
>
> (*Pharsale*, liv. II.)

> » *C'est pour Rome qu'il est mari ; c'est pour Rome qu'il est*
> » *père. Le juste est son culte, l'honnête son inflexible loi. Il*
> » *fait le bien pour le bonheur commun ; l'égoïste volupté*
> » *ne s'est jamais glissée dans son âme, n'a jamais pris*
> » *part à ses résolutions* » *.

Messieurs, il est pourtant des plaisirs bien purs, bien
nobles et bien utiles à la vertu. Il nous semble que tout
le monde doit préférer à cette austérité sépulcrale, les
larmes de joie de *Don Diègue*, embrassant son fils vainqueur :

DON DIÈGUE.

Rodrigue, enfin le ciel permet que je te voie !

DON RODRIGUE.

Hélas !

> « *Il est de sa patrie et l'espoux et le père,*
> D'vn rigoureux deuoir sectateur rigoureux,
> Et du solide honneur seulement amoureux.
> ....
> Sur les chastes désirs d'vne sainte lignée
> Il se règle l'vsage et les droits d'Hyménée,
> Et lorsque les plaisirs sont joints à son deuoir,
> Pour luy c'est les souffrir et non les receuoir. »
>
> (*La Pharsale, en vers fr.,* par *Brebeuf*)

DON DIÈGUE.

Ne mèle point de soupirs à ma joie ;
Laisse-moi prendre haleine avant de te louer.
Ma valeur n'a point lieu de te désavouer ;
Tu l'as bien imitée , et ton illustre audace
Fait bien revivre en toi les héros de ma race.
. . . .
Appui de ma vieillesse et comble de mon heur,
Touche ces cheveux blancs à qui tu rends l'honneur ;
Viens baiser cette joue , et reconnais la place
Où fut empreint l'affront que ton courage efface.

(Le Cid, ac. III, sc. VI.)

Ou bien la douleur contenue et les larmes du vieil
Horace , quand il envoie son fils et son gendre au fatal
combat :

LE VIEIL HORACE.

Ah ! n'attendrissez point ici mes sentiments ;
Pour vous encourager ma voix manque de termes ;
Mon cœur ne forme point de pensers assez fermes ,
Moi-même , en cet adieu, j'ai les larmes aux yeux.
Faites votre devoir, et laissez faire aux dieux !

(Horace, ac. II, sc. VIII.)

D'ailleurs, Messieurs, l'humanité a besoin de croire en
Dieu ; et l'athéisme des stoïciens , qui détruisait leur
morale, glaçait aussi leurs cœurs. Corneille a su éviter
cet écueil; et ses personnages , en devenant des demi-
dieux, comme on l'a dit plus d'une fois, conservent
encore les sentiments qui nous animent.

D'un autre côté, Lucain manque de simplicité. On sent
qu'il se règle , pour ainsi dire , sur un idéal d'école , et
que son inspiration est toute artificielle. Chez Corneille,

au contraire, c'est le naturel qui fait le fond et la force des plus belles scènes. On ne l'accusera pas d'énerver la volonté, lui qui met dans la bouche d'Auguste ces vers admirables :

> Je suis maître de moi , comme de l'univers.
> Je le suis, je veux l'être. O siècles ! ô mémoire !
> Conservez à jamais ma dernière victoire.....

(Cinna, act. V, sc. III).

Mais il la représente comme il l'a sentie en lui-même, et non comme il aurait pu la rêver d'après son maître de philosophie ; il la représente aidée par le sentiment du devoir, dans *Pauline*, ou par l'enthousiasme, dans *Horace* et surtout dans *Polyeucte*. Chez lui le cœur parle, en même temps que la raison agit, et c'est la condition du succès dans les arts. Il est réellement son propre héros : c'est son âme qn'il déploie sous des noms étrangers. De là cet air de famille qui rapproche tous ses personnages. Ils sont ses enfants; ils sont lui-même. Lucain cède au besoin de la jeunesse : il veut s'exalter et procède trop souvent par imagination ; il exagère tout, sans s'émouvoir, parce qu'il n'est pas ému lui-même. Corneille, au contraire, emporté par un sentiment vrai, se trouve naturellement sublime, et l'âme des spectateurs s'élève avec la sienne.

Seul de tous les poëtes tragiques, Corneille n'a pas tiré ses effets d'un mélange de terreur et de pitié. La fatalité ne paraît dans son œuvre que pour être vaincue. C'est par l'admiration qu'il émeut et enlève les spectateurs. Où trouver, Messieurs, un sentiment plus élevé ? Toujours flottants entre le bien et le mal, esclaves de nos goûts, de nos habitudes, de nos intérêts, nous souhaitons le bien, mais sans vouloir le sacrifice, et livrés à notre faiblesse, vains jouets d'impressions diverses, toutes plus fortes que notre volonté, nous nous abandonnons à celle que le hasard amène la dernière. Mais qu'on nous présente la vivante image de l'héroïsme, qu'on nous montre avec le relief que donne la scène à toutes choses, des personnages chargés de devoirs effrayants, qui, loin de pâlir, vont au-devant de ces nobles souffrances, les acceptent avec l'enthousiasme sacré de la vertu, se montrent fiers d'un malheur noblement supporté, et ne veulent plus sentir que l'orgueil sublime de leur force et de leur victoire · aussitôt les instincts bas se taisent, les âmes éclatent en résolutions généreuses et s'animent d'une vigueur inconnue. On se sent fier d'être homme, puisqu'enfin, sans égaler ces héros, on est de leur race ; car on reconnaît et on partage leurs sentiments. On ne pleure pas ; on sent, il est vrai, tomber des larmes de ses yeux — larmes viriles qui ont passé par le cœur en lui communiquant une divine énergie —; mais on applaudit, on bénit, on salue du nom de grand, le poëte qui révèle à chacun sa grandeur : la foule est transportée ; Condé frémit d'admiration :

Le Grand Condé pleurant aux vers du Grand Corneille !

et Napoléon s'écrie : « *Si Corneille vivait, je le ferais prince !* »

Qu'est-il besoin, Messieurs, dans de tels drames, de meurtres et de sang ? Ce n'est pas la pitié qu'ils veulent inspirer ; et c'est là encore un des traits qui distinguent

Corneille. Ses tragédies, du moins celles que nous admirons, se passent presque toujours de catastrophes, et ont en général une heureuse fin. Le *Cid* espère obtenir la main si bien méritée de *Chimène* ; *Auguste* triomphant à force de bonté du cœur indomptable d'*Emilie*, voit enfin, entouré d'amis, son trône morne et solitaire ; *Polyeucte*, au prix d'une mort qui fait sa joie, enlève au ciel avec lui sa noble *Pauline*. Ainsi ces courageuses vertus trouvent leur récompense, et la tragédie finit par l'espérance et le bonheur.

Mais on sent que la puissance est encore le caractère dominant du génie de Corneille. Outre ses traits sublimes, outre son style si mâle, si vigoureusement substantiel, la fière allure du poëte, son dédain pour l'ornement, digne expression de son propre cœur, fait encore paraître ses héros grands comme des géants, et leur donne partout quelque chose de colossal et de surhumain qui soutient merveilleusement la dignité de la tragédie.

Chez Corneille, tout paraît grand, parce qu'il évite les nuances, et compose des caractères tranchés. Il a donné à ses femmes un caractère aussi mâle et aussi fier qu'à ses héros, et c'est là un procédé capital pour l'unité de son œuvre. Comparez-les aux sybilles de Michel-Ange, aux femmes du jugement dernier, et vous sentirez que la première source de la beauté, c'est la force. Quelle grandeur monstrueuse et terrible dans le rôle de Cléopâtre ! Quelle vigueur dans cette figure colossale d'Emilie, malgré quelques moments où l'énergie de l'âme touche à la raideur et à la déclamation ! Pauline unit aux émotions douces

l'air imposant de la volonté fixe et souveraine. Corneille
n'est pas dépourvu de pathétique, et triomphe parfois dans
l'expression des sentiments tendres ; seulement, il les re-
doute; et quand ils se présentent, il les soumet au joug du
devoir, parfois jusqu'à les étouffer. Quoi de plus profondément touchant que les scènes qui se passent entre *Pauline*
et *Sévère**, entre *Rodrigue* et *Chimène***, entre *Curiace* et
*Camille***!* Pour être contenues, les passions n'en restent pas
moins vivantes. Elles ne bouleversent pas l'âme ; mais elles
l'agitent et font sentir par des secousses, dont la rareté
redouble l'énergie, la force morale qui les dompte.

Pourquoi Corneille a-t-il produit si peu de chefs-d'œuvre ?
Peut-être, Messieurs, en trouverons-nous la raison dans la
nature même de son talent. Corneille excelle à peindre la
force morale. Or l'héroïsme est sublime par essence, et ne
se prête guères à la variété. Pouvait-il multiplier des caractères tels que ceux du *Cid*, de *don Diègue*, de *Polyeucte* et
d'*Auguste*, sans se copier lui-même? Et cependant il avait
fait Cléopâtre. Il est triste de penser que les soucis de la
pauvreté ont fatigué cette grande âme, et que sur son lit
de mort, Corneille, oublié de Colbert et du roi, n'avait
pas même le nécessaire ! Quoi qu'il en soit, Messieurs,
le génie lui manqua; et, malgré quelques scènes admirables, ses dernières pièces sont tombées dans un oubli
mérité.

* Act. II, sc. 2. — Act. IV, sc. 5.
** Act. III, sc. 4. — Act. V, sc. 1.
*** Act. II, sc. 5.

Le temps où a vécu Corneille a-t-il exercé sur lui une bonne ou une mauvaise influence? Un grand ministre établissait alors en France l'égalité devant la loi, et la souveraineté de la couronne; mais l'aristocratie était toujours puissante. L'abus du régime monarchique n'avait pas encore affaibli la nation, pleine de vigueur au sortir des guerres civiles; les caractères étaient énergiques, et l'on courait au *Cid* applaudir avec fureur. La Religion traversait l'une de ses phases les plus glorieuses, et donnait au monde le consolant spectacle d'un véritable accord avec la Philosophie. Pascal était encore inconnu, Bossuet encore jeune : mais on pouvait déjà pressentir leur génie. Descartes, le grand nom de cette époque, mettait tout dans l'âme humaine, et faisait tout relever de la pensée. Les hommes de ce temps ne voyaient rien qui fût plus digne de leurs méditations, que Dieu et eux-mêmes. Ils n'auraient pas compris le goût des modernes pour la nature, et se seraient demandé comment l'homme peut renoncer à la société de ses semblables, se plonger dans la solitude, si ce n'est pour s'entretenir plus librement avec Dieu, c'est-à-dire, avec l'objet d'une foi ferme et active, qu'aucun doute n'avait encore affaiblie. Ils sentaient que ces rêveries vagues et douloureuses, sont une aberration du sentiment religieux. D'un autre côté, la grandeur matérielle de l'univers n'était rien pour eux : la grandeur morale était tout. Repliés sur eux-mêmes, il n'avaient de goût qu'à étudier leur âme, à en pénétrer la nature, à se connaître et à se gouverner. Aussi cette société n'eut guères d'autre poésie que la poésie dramatique, parce que le théâtre offre l'homme à l'homme, sans intermédiaire. En même temps, son goût pour la raison, pour la vérité, ou, comme on disait alors, pour le *solide*, son éloignement pour les fantaisies de l'imagination indisciplinée, tout concourait à lui inspirer en toutes choses un besoin profond de la règle et de la loi.

Corneille subit l'influence des idées régnantes, et il faut l'en féliciter. Sans doute les longues dissertations des romans, les raffinements du bel esprit, et le ton de froide galanterie, alors si fort en vogue, lui ont inspiré des phrases qui font aujourd'hui sourire, et ont développé en lui le goût de ces plaidoyers trop souvent prolongés, même dans ses plus belles œuvres. Mais enfin, cette influence l'a maintenu dans sa voie; elle a fixé son génie sur la peinture de l'âme humaine, et l'a fortifié en le concentrant.

Quand le génie lui fit défaut sur la fin de ses jours, il perdit cette noble simplicité qu'il avait lui-même introduite au théâtre; son penchant pour les vaines complications de l'intrigue reparut et domina. Sans les tendances si élevées des esprits d'élite de son temps, peut-être eût-il rompu moins complètement avec le mauvais goût, et gâté ses chefs-d'œuvre. Les esprits créateurs sont unis par une secrète harmonie à leur époque, ou ils n'en sont pas compris.

On le plaint d'avoir subi le joug des règles attribuées à Aristote. Mais on oublie que ces règles sont nécessaires sur un théâtre où le rideau ne se baisse pas, où l'on joue des tragédies, et non des épopées historiques, découpées par scènes. Loin de nuire au talent, leur observation a porté au comble chez nos poëtes, cet art de la composition où ils sont sans égaux. En quoi donc a-t-elle affaibli Polyeucte ? D'un autre côté, un siècle moins religieux aurait-il inspiré ce type de l'héroïsme religieux ?

Peut-être faut-il regretter qu'aucun exemple n'ait engagé Corneille à chercher des sujets dans nos vieilles annales. Le succès du *Cid* a fait penser qu'il eût trouvé une mine féconde dans les récits de la chevalerie. Mais enfin, que lui auraient-ils fourni ? Des aventures ? Du merveilleux barbare ? Perte médiocre pour la scène. Des sentiments sublimes ? Ne lui a-t-il pas suffi, pour en créer, de Tite-Live et de lui-même ? Où pouvait-il trouver des types plus beaux que ceux de Pauline, du vieil Horace et d'Emilie ?

Il aimait à transporter l'histoire sur le théâtre, en l'agrandissant, et on peut dire que les règles lui ont interdit beaucoup de sujets très-poétiques, qui ne pouvaient pas se prêter à leurs exigences. Peut-être y avons-nous perdu plusieurs beaux rôles, comme ceux de Nicomède et de Cléopâtre. Quoi qu'il en soit de ces regrets hypothétiques, et en admettant qu'il eût consenti à descendre des hauteurs idéales qu'il donne à la tragédie, nous doutons qu'il eût vraiment réussi dans la peinture libre de l'histoire. Voué à la peinture exclusive du grand, il sentait son imagination s'éteindre, dès qu'il sortait de sa voie, et il n'avait pas comme ressource, cette variété nécessaire au drame, tel que l'ont conçu Shakespeare et Schiller. Aussi, combien ne tombe-t-il pas au-dessous de lui-même dans les rôles de

Félix, de *Prusias*, de *Don Sanche !* L'aigle franchit les montagnes ; mais il ne sait ni ramper, ni raser la terre.

Peut-être eût-il peint Macbeth ou la reine Marguerite* ; mais non pas Iago**, Shylock*** ni Richard III.

Laissons les rêves, Messieurs, et acceptons Corneille, tel que l'ont fait Dieu et son temps. Ne lui demandons pas d'être un Shakespeare : il n'y eut peut-être pas consenti ; et, tout patriotisme à part, nous croyons qu'il n'y eût pas gagné. Ces deux grands hommes se partagent le monde ; mais l'un tourne ses regards vers le réel, et l'autre vers l'idéal. L'un se joue dans tous les accidents de la vie, la présente sous toutes les formes, en reproduit l'horreur et le charme, peint avec une force incroyable l'amour, le remords, l'ambition, tous les revers et toutes les passions humaines ; il peint les grâces de l'enfance, la tendresse de la femme, l'énergie de l'homme dans les temps barbares ; il ressuscite les héros de Plutarque, et les géants farouches des guerres civiles de son pays ; nouvel Homère, il déchaîne, dans vingt batailles, les lords belliqueux, et la reine au cœur implacable, *furie d'orgueil et de vengeance ;* il dispose de toutes les ressources de la nature, il l'associe tout entière à ses tableaux ; il mêle sans efforts, ou plutôt malgré lui, le rire et les larmes ; il ne connaît pas ce respect humain qui n'ouvrait notre théâtre qu'aux rois et aux grands, prome-

* Henri VI.
** Othello.
*** Le marchand de Venise.

nant sur la scène, avec une verve égale, le prince et le goujat, la jeune vierge et le scélérat ignoble; il lutte de puissante fécondité avec la force mystérieuse qui refait sans cesse le monde. Il ne s'intéresse qu'à elle; il la suit partout avec la même ardeur, et trouve en passant le temps de méditer sur la poussière des tombeaux. Mais cette poussière éloquente ne lui donne aucun enseignement, et le poëte ne trouve pas un mot pour éclairer l'homme sur sa destinée. Shakespeare est franchement sceptique et fataliste. Ses poëmes, image de la vie, contiennent, comme elle, une profonde tristesse, avec quelques moments d'ivresse ou de gaieté mélancolique; mais sans moralité, comme sans espérance !

L'autre, philosophe chrétien, se détache de la terre, s'inquiète peu de la vie réelle, ombre vaine, qui pourtant n'a jamais déployé plus de puissance que dans ses vers; parfois, il nous montre les passions, plus souvent la volonté qui les dompte. Profondément spiritualiste, il n'envisage que l'âme, et s'il la peint, c'est pour l'exalter, pour fortifier en elle les sentiments qui font sa noblesse. Les affections profondes et pures ont leur place dans son cœur; mais c'est le devoir compris et voulu qui triomphe. Tantôt il sacrifie l'amour du Cid à l'honneur de son père; tantôt, comme dans *Cinna*, ses héros sont dignes par leur cœur d'être les maîtres du monde. Mais il trouve encore à monter : dans Polyeucte, les sentiments s'élèvent à une hauteur inouïe; une lumière divine éclaire les trois personnages, et, ces représentants des vertus les plus sublimes abandonnent la terre et s'envolent avec une tranquille majesté vers le ciel !

Il ne connaît pas ce monde, et ne sait être que sublime ;
c'est Dieu, qu'il peint dans des créatures dignes de lui.
Son drame austère présente aux hommes le véritable idéal
de la vie, et remplit le cœur de force et d'un solide espoir
d'immortalité. Tous deux sont grands, tous deux sont
vrais ; car tous deux nous révèlent les forces vives dont
se compose notre nature. Ne choisissons pas, Messieurs,
mais gardons-nous de préférer quelle que gloire que ce
soit à celle de Corneille.

Si différents d'ailleurs, ces deux hommes conçoivent de
la même manière l'art dramatique. Leur système tragique
est d'une profonde simplicité. Préparer une action de telle
manière qu'au lever du rideau les passions longtemps
contenues entrent en lutte, et que tout soit mûr pour l'évé-
nement ; exposer dans une simple conversation les faits
antérieurs que le spectateur doit connaître ; puis faire
marcher l'action avec une rapidité progressive, en écartant
les incidents stériles et en donnant tout au développement
des sentiments ; exciter fortement l'attention du spectateur
au IVᵉ acte, et la satisfaire au Vᵉ ; renfermer tout le drame
en quelques heures, et en un seul lieu, ou plutôt faire
abstraction du temps ou du lieu ; restreindre sévèrement
le nombre des personnages ; remplacer les événements par
des récits et ne rien donner aux sens, si ce n'est le charme
du langage ; respecter soigneusement la vraisemblance et
combiner avec un art, assez profond pour ne pas se laisser
voir, les actes et les paroles de chaque personnage ; observer
sur la scène une décence sévère, telle que l'exige la sombre
dignité de la tragédie, et la présence des héros et des

rois ; ne donner à ses personnages que des sentiments élevés
et nobles , et surtout ne leur laisser aucun trait personnel ;
en faire une idée, une volonté , un sentiment, une passion ;
animer toutes ces abstractions ; voilà la merveille de l'art ;
voilà le système tragique auquel nous devons Polyeucte et
Athalie , et qui unit étroitement le nom de Corneille à
celui de Racine.

§ III

Le principal ressort dramatique chez Racine, c'est la fatalité. Dans presque tous les tragiques, c'est elle qui donne
au drame un aspect sombre et terrible , et le couvre tout
entier d'une religieuse horreur, pareille à l'émotion d'un
homme qui s'enfonce seul , la nuit, dans les ténèbres d'une
vaste cathédrale , et que l'aspect de ces murs sévères , et
leur silence même font frissonner d'effroi. La fatalité dans
la tragédie , c'est l'action , rendue visible, de cette force
mystérieuse qui mène l'homme ou qui l'entraîne. Les uns
la personnifient : Eschyle établit les *furies* sur la scène.
D'autres la font sentir en la tenant dans l'ombre : ainsi, dans
Œdipe-roi, l'inexorable Apollon a ouvert le précipice sous
les pieds du héros , et dans Athalie, rien n'est effrayant
comme ce *Dieu caché dans l'impénétrable sanctuaire*, qui
attire de plus en plus Athalie pour la saisir et la réunir à
Jezabel. Joad, le ministre de ce dieu, n'est plus un homme

ordinaire; il a toute la majesté du destin. Quelle lugubre
éloquence dans ce vers :

Grand Dieu, voici ton heure ! on t'amène ta proie !
(*Athalie*, du V. sc. 3.)

Athalie ouvre enfin les yeux, et au moment de périr, ce
n'est pas Joad, c'est Dieu même qui maudit sa rage impuis-
sante. Enfin, — et ce procédé est le plus conforme au goût
des modernes — la fatalité s'exprime par la peinture des
passions, et pour n'être pas personnifié, le dieu cruel n'en
est pas moins visible. Quel malheur, que ce transport
aveugle qui nous égare, nous enlève le gouvernement de
nous-mêmes et nous laisse encore assez de raison pour
sentir que nous l'avons perdue ! Quel malheur, qu'irrésis-
tible dans ses effets, il trouve toujours quelque moment
de faiblesse ou de fatigue pour nous entraîner! Si ce spectacle est moins imposant que celui des dieux présents sur
la scène, il est plus pathétique, parce qu'il est dégagé de
toute fiction, et touche le cœur au point le plus sensible.
L'auteur d'un crime peut être à peine coupable; la volonté,
quoique vaincue, peut avoir noblement lutté ; parfois même
elle peut se demander avec anxiété quelle, est sa faute.
Hermione et Roxane, également égoïstes, orgueilleuses et
cruelles, intéressent profondément par le spectacle des sou-
lèvements, des douleurs, de la mobilité impétueuse qui bouleversent leur âme et la déchirent. Rappelez-vous, Messieurs,
la lutte furieuse des trois passions qui se déchaînent autour
d'Andromaque immobile et tremblante : Hermione, inca-
pable de remords et de pitié, triste jouet des plus cruelles
alternatives d'amour et de haine ; Pyrrhus entraîné malgré
lui, qui frémit d'aimer, qui hait autant qu'il aime :

Andromaque m'arrache un cœur qu'elle déteste.
L'un par l'autre entraînés nous courons à l'autel,
Nous jurer, malgré nous, un amour immortel.....

(Andromaque, act. IV, sc. V.)

et Oreste, sur qui pèse la malédiction du destin, Oreste, ce *forçat de la fatalité*, comme disait Talma, qui n'a pas pu oublier Hermione, qui revient pour l'enlever ou pour mourir, mais mourir assassin :

Puisqu'après tant d'efforts ma résistance est vaine.
Je me livre en aveugle au destin qui m'entraîne....

(Androm. ac. I, sc. 1.)

Je ne sais de tout temps quelle injuste puissance
Laisse le crime en paix et poursuit l'innocence.
De quelque part sur moi que je tourne les yeux,
Je ne vois que malheurs que condamnent les dieux.
Méritons leurs courroux ; justifions leur haine,
Et que le fruit du crime en précède la peine.

(Androm. ac. III, sc. 1.)

Racine semble avoir épuisé du premier coup son génie. Mais Phèdre, Messieurs! Comment louer Phèdre? Victime malheureuse du courroux des dieux, elle a lutté jusqu'à vouloir mourir, contre ce funeste amour, dont ils l'ont empoisonnée; puis, trompée par les larmes d'une amie, la perfide OEnone, et par un moment d'espoir, elle faiblit en face de la honte, et laisse, presque sans le savoir, le crime s'accomplir. Bientôt, elle vient s'accuser elle-même, lorsque la plus horrible douleur lui coupe la voix, et, malgré sa noire calomnie, le spectateur l'excuse et pleure sur elle, lorsque dans une scène immortelle, il la voit écrasée de honte et de remords, se relever dans un trans-

port d'indignation, et maudire le crime qui lui apparait
enfin à découvert!

PHÈDRE.

Chère Œnone, sais-tu ce que je viens d'apprendre?

OENONE.

Non; mais je viens tremblante, à ne vous point mentir :
J'ai pâli du dessein qui vous a fait sortir;
J'ai craint une fureur à vous-même fatale.

PHÈDRE.

Œnone, qui l'eût cru? j'avois une rivale?

OENONE.

Comment!

PHEDRE.

        Hippolyte aime; et je n'en puis douter.
Ce farouche ennemi qu'on ne pouvoit dompter,
Qu'offensoit le respect, qu'importunoit la plainte,
Ce tigre, que jamais je n'abordois sans crainte,
Soumis, apprivoisé, reconnoît un vainqueur :
Aricie a trouvé le chemin de son cœur.

OENONE.

Aricie?

PHÈDRE.

        Ah! douleur non encore éprouvée!
A quel nouveau tourment je me suis réservée!
Tout ce que j'ai souffert, mes craintes, mes transports,
La fureur de mes feux, l'horreur de mes remords,
Et d'un cruel refus l'insupportable injure,
N'étoit qu'un foible essai des tourments que j'endure.
Ils s'aiment! par quel charme ont-ils trompé mes yeux?
Comment se sont-ils vus? depuis quand? dans quels lieux?

Tu le savois : pourquoi me laissois-tu séduire ?
De leur furtive ardeur ne pouvois-tu m'instruire ?
Les a-t-on vus souvent se parler, se chercher ?
Dans le fond des forêts alloient-il se cacher ?
Hélas ! ils se voyoient avec pleine licence :
Le ciel de leurs soupirs approuvoit l'innocence ;
Ils suivoient sans remords leur penchant amoureux ;
Tous les jours se levoient clairs et sereins pour eux !
Et moi, triste rebut de la nature entière,
Je me cachois au jour, je fuyois la lumière ;
La mort est le seul dieu que j'osois implorer.
J'attendois le moment où j'allois expirer ;
Me nourrissant de fiel, de larmes abreuvée,
Encor, dans mon malheur de trop près observée,
Je n'osois dans mes pleurs me noyer à loisir.
Je goûtois en tremblant ce funeste plaisir ;
Et, sous un front serein déguisant mes alarmes,
Il falloit bien souvent me priver de mes larmes.

ŒNONE.

Quel fruit recevront-ils de leurs vaines amours ?
Ils ne se verront plus.

PHÈDRE.

         Ils s'aimeront toujours !
Au moment que je parle, ah, mortelle pensée !
Ils bravent la fureur d'une amante insensée !
Malgré ce même exil qui va les écarter,
Ils font mille serments de ne se point quitter...
Non, je ne puis souffrir un bonheur qui m'outrage ;
Œnone, prends pitié de ma jalouse rage.
Il faut perdre Aricie ; il faut de mon époux
Contre un sang odieux réveiller le courroux :
Qu'il ne se borne pas à des peines légères ;
Le crime de la sœur passe celui des frères.
Dans mes jaloux transports je le veux implorer.
Que fais-je ? où ma raison se va-t-elle égarer ?
Moi jalouse ! et Thésée est celui que j'implore !
Mon époux est vivant, et moi je brûle encore !
Pour qui ? Quel est le cœur où prétendent mes vœux ?

Chaque mot sur mon front fait dresser mes cheveux.
Mes crimes désormais ont comblé la mesure :
Je respire à-la-fois l'inceste et l'imposture ;
Mes homicides mains, promptes à me venger,
Dans le sang innocent brûlent de se venger.
Misérable ! et je vis ! et je soutiens la vue
De ce sacré soleil dont je suis descendue !
J'ai pour aïeul le père et le maître des dieux ;
Le ciel, tout l'univers est plein de mes aïeux :
Où me cacher ? Fuyons dans la nuit infernale.
Mais que dis-je ? mon père y tient l'urne fatale ;
Le sort, dit-on, l'a mise en ses sévères mains :
Minos juge aux enfers tous les pâles humains.
Ah ! combien frémira son ombre épouvantée,
Lorsqu'il verra sa fille à ses yeux présentée,
Contrainte d'avouer tant de forfaits divers,
Et des crimes peut-être inconnus aux enfers !
Que diras-tu, mon père, à ce spectacle horrible ?
Je crois voir de ta main tomber l'urne terrible ;
Je crois te voir, cherchant un supplice nouveau,
Toi-même de ton sang devenir le bourreau...
Pardonne : un dieu cruel a perdu ta famille ;
Reconnois sa vengeance aux fureurs de ta fille.
Hélas ! du crime affreux dont la honte me suit
Jamais mon triste cœur n'a recueilli le fruit :
Jusqu'au dernier soupir de malheurs poursuivie,
Je rends dans les tourments une pénible vie.

ŒNONE.

Hé ! repoussez, madame, une injuste terreur !
Regardez d'un autre œil une excusable erreur.
Vous aimez. On ne peut vaincre sa destinée :
Par un charme fatal vous fûtes entraînée.
Est-ce donc un prodige inouï parmi nous ?
L'amour n'a-t-il encore triomphé que de vous ?
La foiblesse aux humains n'est que trop naturelle :
Mortelle, subissez le sort d'une mortelle.
Vous vous plaignez d'un joug imposé dès long-temps :
Les dieux mêmes, les dieux de l'Olympe habitants,
Qui d'un bruit si terrible épouvantent les crimes,
Ont brûlé quelquefois de feux illégitimes.

PHÈDRE.

Qu'entends-je ! Quels conseils ose-t-on me donner !
Ainsi donc jusqu'au bout tu veux m'empoisonner,
Malheureuse ! voilà comme tu m'as perdue ;
Au jour que je fuyois c'est toi qui m'as rendue.
Tes prières m'ont fait oublier mon devoir ;
J'évitois Hippolyte ; et tu me l'as fait voir.
De quoi te chargeois-tu ? pourquoi ta bouche impie
A-t-elle, en l'accusant, osé noircir sa vie ?
Il en mourra peut être, et d'un père insensé
Le sacrilége vœu peut-être est exaucé.
Je ne t'écoute plus. Va t'en , monstre exécrable ;
Va, laisse-moi le soin de mon sort déplorable.
Puisse le juste ciel dignement te payer !
Et puisse ton supplice à jamais effrayer
Tous ceux qui, comme toi , par de lâches adresses ,
Des princes malheureux nourrissent les foiblesses ,
Les poussent au penchant où leur cœur est enclin ,
Et leur osent du crime aplanir le chemin !
Détestables flatteurs , présent le plus funeste
Que puisse faire aux rois la colère céleste !

(Phèdre, ac. IV, sc. VI.)

Quel spectacle , Messieurs ! Qu'il soulève de graves réflexions ! Et quelle vertu donnerait de plus hautes leçons de moralité !

Messieurs, il faut plaindre les sociétés blasées qui rechercheraient l'émotion des nerfs , au lieu de celle de l'âme, et qui trouveraient froide une pièce comme Britannicus. Ce n'est pas la mort probable de ce jeune homme qui effraie ; c'est la lutte du bon et du mauvais génie qui se disputent longtemps l'âme de Néron , et cette réflexion poignante qu'on fait malgré soi, sur cette prédestination qui l'entraîne au mal , image lugubre de tant d'existences. Le mépris du poëte pour les scènes à effet réduit tout à la peinture morale, dont l'extrême élévation étonne les yeux vulgaires. Mais, si Néron ne semble pas assez terrible derrière son rideau, il l'est beaucoup au IVe acte, entre Narcisse et Burrhus, et au Ve, lorsqu'il écoute, avec une sombre et impassible ironie, les malédictions de sa mère. A chaque scène, à chaque vers, il se rapproche du crime, et la nuit, pour ainsi dire, se fait peu à peu dans son âme. A la fin de la tragédie, il égale Narcisse en froide scélératesse ; il est devenu digne de s'appeler Néron !

Mais, Messieurs, Mithridate est loin d'égaler les héros de Corneille, et ne soutient qu'à demi la grandeur de sa renommée. Son amour trop peu violent n'est qu'une faiblesse, et en même temps Racine n'a pas voulu donner à ce roi barbare une honte profonde de sa triste passion. Enfin, le trait principal de son caractère n'a pas assez d'énergie pour faire trembler.

Faut-il donc que les passions, pour être tragiques, soient assez violentes pour arracher à l'homme son libre arbitre, et le mettre dans cet état de vertige, qui présente à la pensée un effrayant mystère ? Boileau s'est trompé. Il n'aurait pas dû dire :

> Et que l'amour toujours de remords combattu,
> Paraisse une faiblesse et non une vertu.
>
> *(Art poét.* ch. III, vers. 101.)

Il faut que l'amour paraisse un malheur, une malédiction des dieux, ou qu'il disparaisse de la scène. Des sentiments naturellement doux, qui ne sont pas assez profonds pour mener au crime, sont trop ordinaires pour frapper forte-

ment, et le personnage qui les éprouve, ne mérite pas
d'être montré comme une grande image de l'humanité
malheureuse. Les employer, c'est énerver le ressort de la
tragédie.

On a justement reproché à Racine un excès de bien-
séances indispensables autrefois à Versailles, mais peu
goûtées de la postérité, le développement excessif de quelques vertus purement chrétiennes*, et, malgré la grâce
du style, le ton fade de ses jeunes princes. Ces repro-
ches sont fondés sans doute ; mais de peu de poids. La
faute grave, si l'on ose parler ainsi d'un homme tel que
Racine, c'est d'avoir énervé la tragédie, en donnant des
passions faibles et ordinaires, à Bajazet, à Xipharès, à
Britannicus, à Hippolyte. La présence de ces personnages
médiocres nuit à l'effet des premiers rôles, et à l'impression
générale. Racine est allé bien loin dans cette voie, et il
est permis de croire qu'entraîné par la mode, il a subi une
influence fàcheuse pour son génie. Ne sait-on pas que la
duchesse d'Orléans l'engagea, c'est-à-dire le contraignit
doucement, à mettre sur la scène, la séparation de Bérénice
et de Titus? Rendons justice à Racine, Messieurs. Nul
autre que lui ne pouvait tirer parti d'un tel sujet ; nul autre
n'eût tracé une peinture si expressive du trouble qui boule-
verse trois cœurs malheureux. L'élégie a remplacé pour
un moment la tragédie, et le poëte, il faut l'avouer, s'est
trouvé plus près de Madame de Lafayette que de Corneille.

Racine s'arrêta brusquement dans sa carrière, et quitta

* IVe et V^e acte d'*Iphigénie*.

le théâtre dans toute la vigueur de son talent. Quelle fut,
Messieurs, la cause de cette retraite si regrettable pour
pour la postérité? Ses scrupules religieux? L'influence de
Port-Royal? Celle d'une femme pieuse qui avait le théâtre
en horreur? Tous ces motifs peut-être à la fois. Quoi qu'il
en soit, la scène française fit une grande perte. Sans
doute Racine était peu fait pour réussir avec éclat dans
les tragédies historiques. La France sous Louis XIV ne
connaissait absolument qu'elle-même. Ses grands écrivains
n'avaient pas cette vive intuition qui fait revivre le passé,
mais qui n'est jamais compatible avec le génie créateur.
Racine était sans doute capable de comprendre et de représenter une civilisation différente de celle de son pays;
Bajazet le prouve assez. Mais, outre la répulsion qu'eût
causée aux marquis le tableau fidèle des mœurs étrangères,
il n'eût pas voulu multiplier les détails locaux, particuliers,
trop contraires au principe des peintures générales, qui
fait la hauteur de l'art français. A défaut de l'histoire, la
sensibilité ne lui ouvrait-elle pas un champ bien vaste,
un champ qu'il n'eût jamais épuisé? N'aurait-il pu trouver
des traits nouveaux pour peindre l'agitation du cœur,
l'amour funeste et criminel, l'ambition forcenée? Peut-être
eût-il osé nous montrer Alceste mourante et couvrant ses
enfants de baisers. On regrettera toujours qu'il n'ait pas
eu l'opiniâtre persévérance de Corneille, eût-il dû, comme
le vieux maître, tomber souvent au-dessous de lui-même.

Messieurs, que vous dirai-je du style de Racine, de la
fermeté, de la variété de ses caractères d'homme, de l'iné-
puisable richesse de ses peintures du cœur et des passions,

véritable triomphe de son génie ; de ses caractères de
femmes, si belles, si diverses, si touchantes, de ce don
merveilleux de tout ennoblir, et de concilier partout les
émotions déchirantes avec la plus parfaite beauté ; de la
souplesse de son talent, qui l'a fait passer d'*Andromaque* à
Britannicus et à *Athalie ;* enfin, de l'originalité qui lui
ouvrit après Corneille encore vivant, et souverain sur la
scène, une voie si différente et si féconde ? On voudrait
louer, Messieurs, l'éloge est épuisé. Racine est un des
hommes dont la France est le plus fière. Il est dans toutes
les mémoires ; il offre à la jeunesse un modèle d'inimitable
perfection ; il excite à juste titre la jalouse admiration des
étrangers et n'a rien à craindre du temps. Malgré les
caprices de la mode, sa gloire est des plus populaires, et,
quand il se rencontre des acteurs dignes de l'interpréter,
la foule l'écoute avec le même ravissement qu'autrefois
Louis XIV. L'admiration même d'un illustre rival ne lui a
pas manqué. Voltaire voulait que pour toute critique, on
écrivît au bas de chaque page : « *Beau ! sublime ! harmo-*
nieux ! » Et l'on raconte qu'un jour, l'auteur de *Mérope* et
de *Zaïre*, après avoir déclamé, en présence de Laharpe,
les plaintes sublimes de Phèdre, s'arrêta découragé, et,
laissant tomber sa tête sur sa poitrine, il s'écria avec
l'accent d'une sincère modestie : « *Mon ami, je ne suis qu'un*
» *polisson, en comparaison de cet homme-là !* »

Telles sont, Mesdames, Messieurs, et je me hâte de termi-
ner, les récréations intellectuelles auxquelles nous vous con-
vions. Philosophie, sciences, histoire, archéologie, législation
vont trouver tour à tour dans cette enceinte de savants inter-

prêtes. Et, si le moins digne d'entre eux a eu l'honneur
de prendre le premier la parole, il ne le doit, soyez-en
convaincus, qu'à la nature du sujet qu'il a choisi. C'est à la
littérature française qu'on a voulu rendre hommage. En
effet, Messieurs, dans notre chère France, le culte pieux
des lettres reste toujours placé sous la sauvegarde des âmes
élevées et véritablement patriotiques. Laissez dire ces
esprits jaloux, qui ne peuvent sortir du cercle étroit où
les relègue leur impuissance, où les condamne l'intérêt
matériel. C'est aux lettres, je ne crains pas de le dire,
c'est à leur influence sur les âmes et les imaginations que
nous devons non seulement notre domination morale en
Europe, mais encore ces améliorations sociales, dont nous
goûtons les paisibles bienfaits. Montesquieu, Rousseau et
Voltaire s'associent invinciblement dans nos mémoires à la
Révolution française. Mais avant Montesquieu, Rousseau
et Voltaire, Racine mourait de douleur, Fénelon s'éteignait
dans l'exil, pour avoir rappelé à Louis XIV ses devoirs
de roi. Mais avant Fénelon et Racine, Corneille, par ses
héroïques peintures, faisait du courage et du dévouement
des vertus populaires. *Sous ce rapport,* et ici, Messieurs, ce
n'est pas moi qui parle, c'est Napoléon sur le rocher de
Sainte-Hélène, *sous ce rapport, la France doit à Corneille une
partie de ses belles actions.* Molière devançant l'avenir d'un
siècle, montrait que sous l'habit doré du marquis, pouvaient se cacher tous les ridicules, toutes les bassesses.
Bossuet, devant l'altier Louis XIV, proclamait au moins
l'égalité du cercueil. Et, je n'en doute pas un instant, ce
concert d'enthousiasme, d'héroïsme, de poésie, d'éloquence,
en élevant le niveau des esprits, en ennoblissant par l'âme,

ceux que la naissance avait abaissés, a préparé la ruine de tant de priviléges iniques et consacré la seule aristocratie du travail, du talent et de la vertu. Les lettres, en France, sont notre gloire impérissable, et à une époque comme la nôtre, où le génie de l'industrie fouille le sol en tous sens, l'étreint de ses bras de fer, et fait partout de la matière son esclave docile ; à côté du triomphe légitime que l'on décerne partout à cet Hercule de la civilisation moderne, fêtons aussi cet autre génie qui nous a faits souverains de l'Europe par Corneille, par Racine et par Voltaire, bien mieux que par l'épée éphémère des conqué-rants, — ce génie dont les pieds ne touchent pas la terre, dont les bras n'en fouillent pas les entrailles ; mais dont le regard est toujours élevé vers le ciel.

FIN.

9 782329 669267